새 교과서에 따른 예쁘고 바른 글씨

국어교과서

한글쓰기와 국어활동

초등학교 1~2학년군

1-2

한글쓰기와 국어활동의 특징

어린이들이 글씨 쓰는 순서를 바르게 배울 수 있도록 구성하였습니다.

어린이들이 자음과 모음의 조합에 의해 소리가 형성되는 원리를 스스로 깨달아 복잡한 글자도 자연스럽게 읽고 쓸 수 있도록 구성하였습니다.

연한 글씨 위에 덮어쓰기 연습을 충분히하여 어린이들이 바르게 글씨쓰는 습관이 되도록 하였습니다.

학습에 흥미를 유발하고 효과를 높이기 위하여 실물 사진과 그림을 충분하게 넣어 흥미롭게 익히며 각 페이지를 차근차근 넘겨가면서 학습하다보면 자신도 모르게 반복하게 되어 저절로 익혀지고 예쁘고 바르게 쓸 수 있도록 구성하였습니다.

본 책은 (주)미래엔 제작 교육부에서 발행한 국어㉮㉯ 국어활동의 교과서를 참고하여 엮어 발행하였습니다.

예쁜 손글씨를 잘 쓰려면

- 글씨를 잘 쓰려면 많이 써야 하고, 많이 보아야 하며, 많이 읽어야 합니다. 자연스러운 마음으로 긴장하거나 흥분하는 일이 없도록 항상 평안을 유지해야 예쁘고 바르게 글씨를 쓸 수 있습니다.

- 글씨연습은 연필로 연습하는 것을 권유합니다. 볼펜은 너무 매끄럽게 나와서 빨리 써지는 반면에 글씨가 미끄러지듯 써져서 글씨체 연습에는 도움이 안됩니다.

- 잘 쓴 글씨가 반듯한 글씨체만은 아니지만 반듯하게 쓰려는 노력은 글씨를 잘 쓰기 위한 필수적인 것입니다. 자간(글자 사이의 간격이나 띄어쓰기)이 분명하게 그리고 필기 속도가 느리고 정성스럽게 또박또박 쓰기 연습이 필요합니다.

책상에 앉아서 바른 자세로 글씨 쓰기 습관을 갖도록 해 봅시다.

엄지손가락과 집게손가락으로 연필을 잡고 가운데 손가락으로 연필을 받쳐 쓰세요.

고개를 너무 숙이지 마세요

등을 곧게 펴고 앉으며 공책과 눈의 거리는 약 30cm 정도가 되게 하세요.

공책을 반듯하게 펴세요.

허리를 펴고 앉으세요.

팔꿈치를 앞으로 내밀거나 몸을 옆으로 기울지 않습니다.

엉덩이가 의자 맨 뒤까지 닿도록 앉으세요

선생님의 말씀을 잘 듣고, 연필을 바르게 잡아 봅시다.

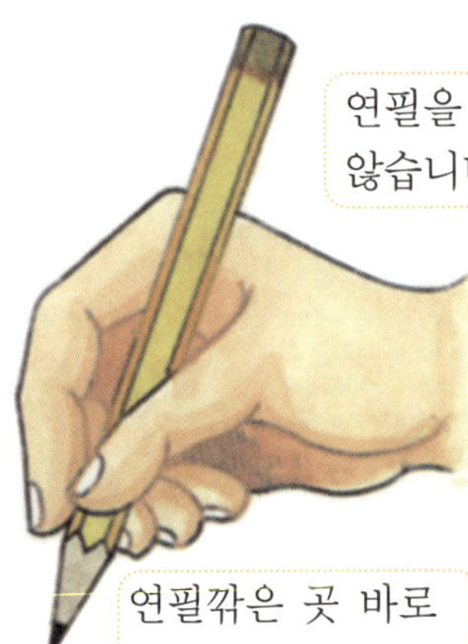

연필을 가운데손가락으로 받치고, 엄지손가락과 집게 손가락을 모아 잡습니다.

연필을 너무 세우지 않습니다.

적당한 힘을 주어 잡습니다.

연필과 바닥의 각도는 옆으로 보아 약50° 정도가 되면 적당합니다.

연필깎은 곳 바로 윗부분을 잡습니다.

다음 그림에서 어떤 자세가 바른 자세인지 살펴 봅시다.

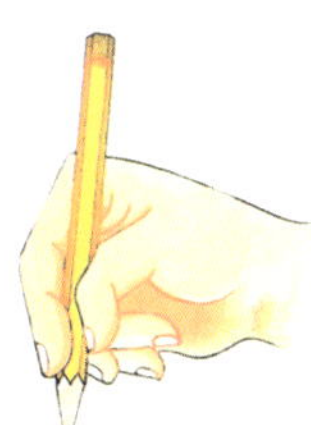

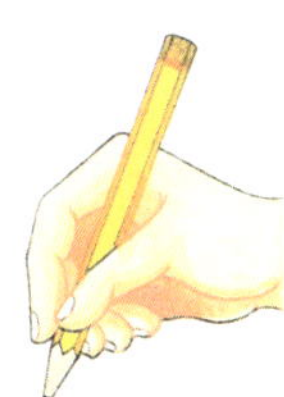

한글쓰기와 국어활동 학습법

교과서 학습에 맞게 지시문을 넣었습니다.

교과서 과목과 쪽수를 알려줌으로 예습과 복습에 편리함을 주었습니다.

사진을 보고 낱말을 써 보고 사물을 익혀 봅시다.

생생한 실물 사진을 넣어 학습 효과를 높였습니다.

흉내 내는 말을 떠올려 바르게 써 보고, 재미있게 흉내 내어 보세요. (국어활동 14)

모양

살금살금 다가가요.

살 금 살 금

물을 꿀꺽꿀꺽

꿀 꺽 꿀 꺽

깜짝 놀라요.

깜 짝

나비가 팔랑팔랑

팔 랑 팔 랑

팥죽이 보글보글

보 글 보 글

눈물이 뚝뚝

뚝 뚝

연한 글씨 위에 덮어 써 보면서 큰 소리로 읽어 봅시다.

연한 글씨 위에 덮어 써 본 글자를 반칸에 바르게 써 봅시다.

원고지와 같이 꾸며 쓰기 연습을 하면서 띄어 쓰기를 자연스럽게 익힐 수 있게 하였습니다.

글씨 순서를 생각하며 소리 내어 앞에서 학습된 문장을 읽으면서 바르게 써 봅시다.

줄을 보고 글씨 모양을 생각하여 바르고 예쁘게 써 봅시다.

'똑같아요' 노래를 들어 보며, 재미있게 따라 불러보고 다음 문장을 바르게 써 보세요. (국어 1~2가 120~122)

무엇이 무엇이 똑같은가.

젓가락 두 짝이 — 똑같아요

윷가락 네 짝이 — 똑같아요

내 양말 두 짝이 — 똑같아요

내 장갑 두 짝이 — 똑같아요

한글쓰기와

국어활동

차례

학습도우미

1-2 가

1-2 나

1

소중한 책을 소개해요.

자신이 좋아하는 책을 소개해 봅시다.

1. 글을 읽고 재미있는 부분을 찾아 봅시다.
2. 글을 읽고 새롭게 알게 된 점을 말해 봅시다.
3. 낱말의 받침에 주의하며 글 쓰기를 해 봅시다.
4. 여러 가지 모양의 책을 읽어 봅시다.
5. 재미있게 읽은 책을 소개해 봅시다.

재미 있는 부분이 어디인지 생각하며 동시 "발가락"을 읽어 보고, 다음 낱말을 바르게 써 보세요. (국어 1-2가 12~15)

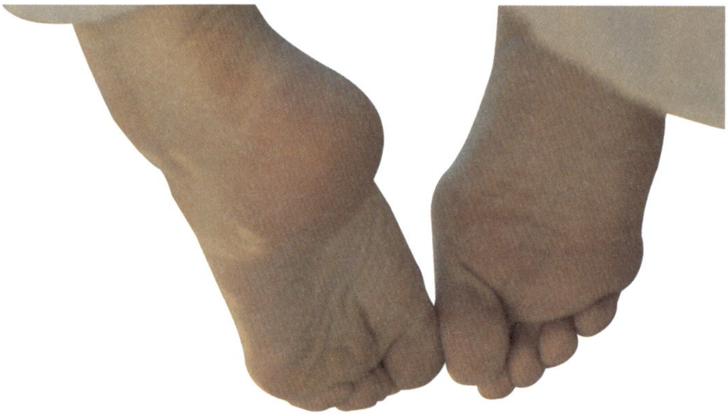

심	심	할		때	면
심	심	할		때	면

저	희	끼	리
저	희	끼	리

꼼	질	꼼	질
꼼	질	꼼	질

서	로
서	로

예	쁘	다
예	쁘	다

동시 "발가락"을 읽어 보고, 떠오르는 장면을 재미있게 이야기 해 보세요.
그리고 다음 문장을 바르게 써 보세요. (국어 1-2가 12~15)

열 개의 발가락은 뭐
열 개의 발가락은 뭐

든지 될 수 있어요.
든지 될 수 있어요.

바다의 섬들도 될 수
바다의 섬들도 될 수

있어요.
있어요.

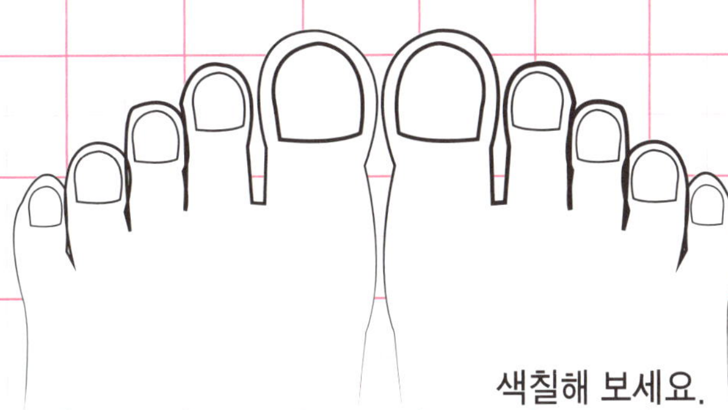

색칠해 보세요.

선생님께서 읽어 주시는 '돌잡이'를 잘 들어 보고, 다음 낱말을 바르게 따라 써 보세요. (국어 1-2가 17~19)

쌀	떡	책	붓
쌀	떡	책	붓

돈	활	실	조	상	음	식	돌	잔	치
돈	활	실	조	상	음	식	돌	잔	치

선생님께서 읽어 주시는 '돌잡이'를 잘 들어 보고, 다음 문장을 바르게 따라 써 보세요.

(국어 1-2가 17~19)

우리 조상들은 아기의
우리 조상들은 아기의

첫 번째 생일에 돌잔치
첫 번째 생일에 돌잔치

를 했습니다. 돌잔치에서
를 했습니다. 돌잔치에서

는 맛있는 음식을 차려
는 맛있는 음식을 차려

선생님께서 읽어 주시는 '돌잡이'를 잘 들어 보고, 다음 문장을 바르게 따라 써 보세요.

(국어 1-2가 17~19)

나누어 먹고 돌잡이도

나누어 먹고 돌잡이도

했습니다. 돌잡이는 아기

했습니다. 돌잡이는 아기

가 여러 가지 물건 가

가 여러 가지 물건 가

운데에서 한두 개를 잡

운데에서 한두 개를 잡

선생님께서 읽어 주시는 '돌잡이'를 잘 들어 보고, 다음 문장을 바르게 따라 써 보세요. (국어 1-2가 17~19)

는 것입니다.

는 것입니다.

실을 잡는 아이는 오

실을 잡는 아이는 오

래 살 것이라고 생각했

래 살 것이라고 생각했

습니다.

습니다.

지구가 아프다고 한 까닭을 알아보고, 다음 문장을 큰 소리로 읽어 보고, 바르게 써 보세요.
(국어활동 1-2 6~7)

사람들이 전기를 아껴
사람들이 전기를 아껴

쓰지 않아서
쓰지 않아서

재미있는 찾으며 아픈 지구
재미있는 찾으며 아픈 지구

받침의 모양과 글자의 짜임을 알아보고, 큰 소리로 읽으며 다음 문장을 바르게 써 보세요.

(국어 1-2가 20~23)

낚시를 해요.

낚시를 해요.

물고기는 맛있어요.

물고기는 맛있어요.

끈을 묶는다.

끈을 묶는다.

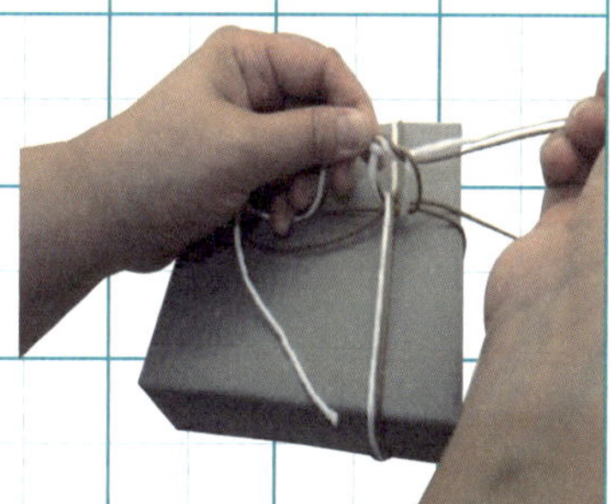

모자를 썼다.

모자를 썼다.

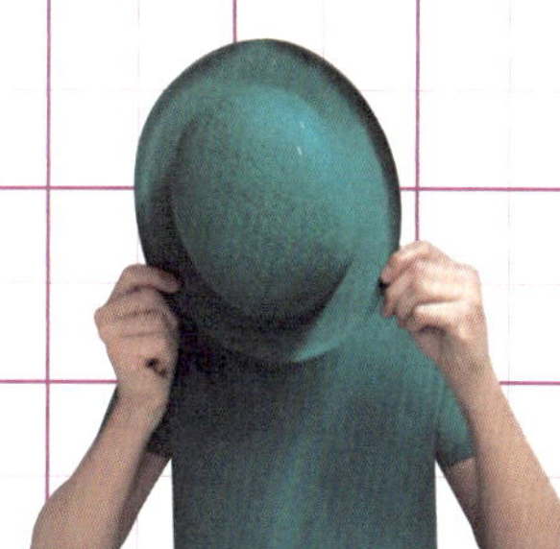

받침의 모양과 글자의 짜임을 알아보고, 큰 소리로 읽으며 다음 문장을 바르게 써 보세요. (국어 1-2가 20~23)

잠을 잤다.

잠을 잤다.

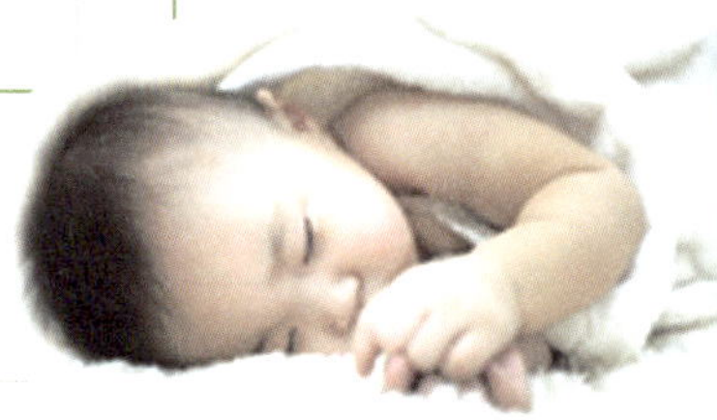

책상을 닦는다.

책상을 닦는다.

구슬이 있다.

구슬이 있다.

가방을 쌌다.

가방을 쌌다.

받침의 모양과 글자의 짜임을 알아보고, 큰 소리로 읽으며 다음 문장을 바르게 써 보세요. (국어 1-2가 20~23)

학교에 갔다.

학교에 갔다.

밥을 먹었다.

밥을 먹었다.

이를 닦았다.

이를 닦았다.

연필을 깎았다.

연필을 깎았다.

'나는 책이 좋아요'를 읽어 보고 다음 문장을 바르게 써 보세요.

(국어 1-2가 24~33)

나는 책이 좋아요.

나는 책이 좋아요.

만화책이나 색칠하기

만화책이나 색칠하기

책도 좋아요. 두꺼운 책

책도 좋아요. 두꺼운 책

도 얇은 책도 좋아요.

도 얇은 책도 좋아요.

‘나는 책이 좋아요’를 읽어 보고 다음 문장을 바르게 써 보세요.

(국어 1-2가 24~33)

공	룡		이	야	기	책
공	룡		이	야	기	책

노	래	책
노	래	책

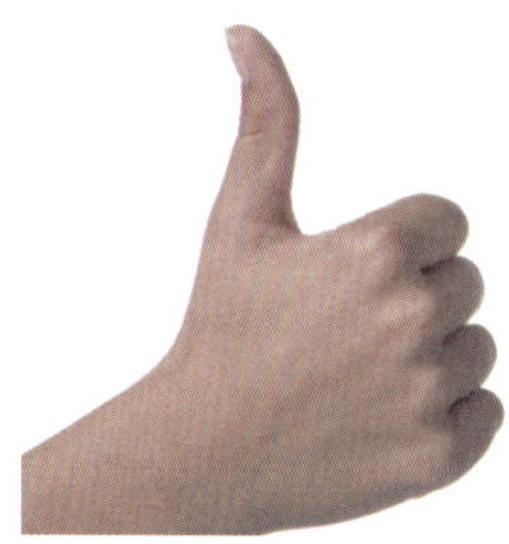

괴	물		이	야	기	책
괴	물		이	야	기	책

좋	아	요
좋	아	요

‘나는 책이 좋아요’를 읽어 보고 다음 문장을 바르게 써 보세요.

(국어 1-2가 24~33)

우	주		이	야	기	책
우	주		이	야	기	책

그	림	자
그	림	자

해	적		이	야	기	책
해	적		이	야	기	책

비	추	면
비	추	면

여러 가지 모양의 책을 찾아보고, 다음 문장을 바르게 써 보세요.

(국어 1-2가 24~33)

병풍처럼 펼칠 수 있어요.

병풍처럼 펼칠 수 있어요.

책은 펼치면 그림이 솟아올라요.

책은 펼치면 그림이 솟아올라요.

여러 가지 모양의 책을 찾아보고, 다음 문장을 바르게 써 보세요.

(국어 1-2가 24~33)

빛을 비추면 그림자가

빛을 비추면 그림자가

생겨요.

생겨요.

물이 묻어도 젖지 않

물이 묻어도 젖지 않

아요.

아요.

재미있게 읽은 책을 떠올려 보고 다음 문장을 바르게 써 보세요.

(국어 1-2가 24~33)

이 장면에서 가슴이 두근거려.

이 장면에서 가슴이 두근거려.

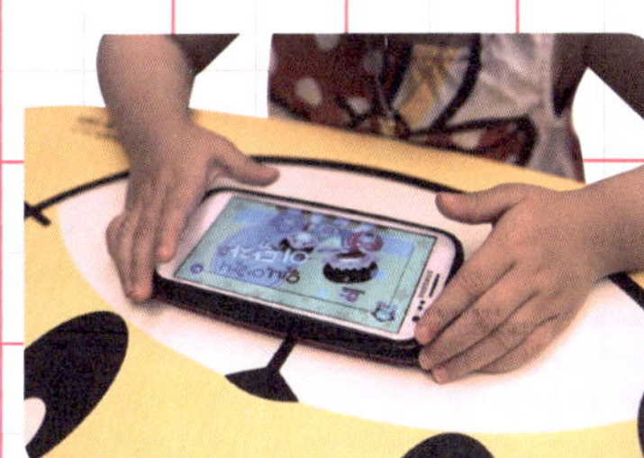

정말 재미있어.

정말 재미있어.

우리 주변의 간판이나 표지판을 읽어 보고, 다음 낱말을 큰 소리로 읽으며 바르게 써 보세요.
(국어활동1-2 8~9)

막	내	슈	퍼
막	내	슈	퍼

매	일	매	일	통	닭
매	일	매	일	통	닭

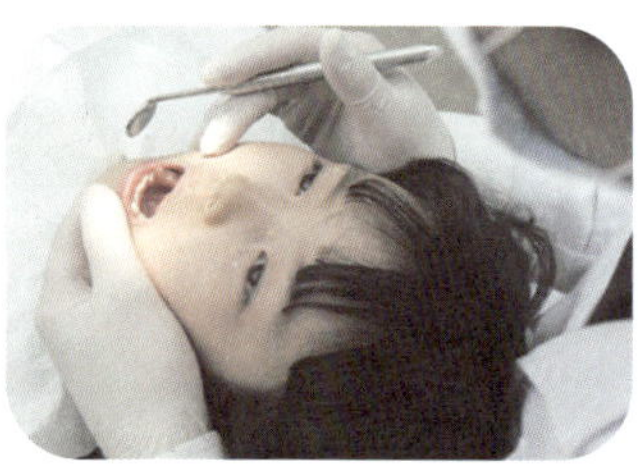

튼	튼	이	치	과
튼	튼	이	치	과

사	랑	빵	집
사	랑	빵	집

2

소리와 모양을 흉내 내요.

소리와 모양을 나타내는 말을 바르게 읽어 봅시다.

1. 흉내 내는 말을 넣어 문장을 만들어 봅시다.
2. 소리나 모양을 떠올리며 시를 읽어 봅시다.
3. 소리나 모양을 떠올리며 글을 읽어 봅시다.
4. 여러 가지 받침이 있는 낱말을 알아봅시다.
5. 끝말 잇기를 해 봅시다.

동물의 울음소리를 떠올리며 다음 문장을 큰 소리로 읽고, 바르게 써 보세요.

(국어 1-2가 36~37)

닭장 속에는 암탉이

닭장 속에는 암탉이

꼬꼬꼭

꼬꼬꼭

문간 옆에는 거위가

문간 옆에는 거위가

꽥꽥

꽥꽥

동물의 울음소리를 떠올리며 다음 문장을 큰 소리로 읽고, 바르게 써 보세요.

(국어 1-2가 36~37)

배나무 밑엔 염소가 음메

배나무 밑엔 염소가 음메

외양간에는 송아지 음매

외양간에는 송아지 음매

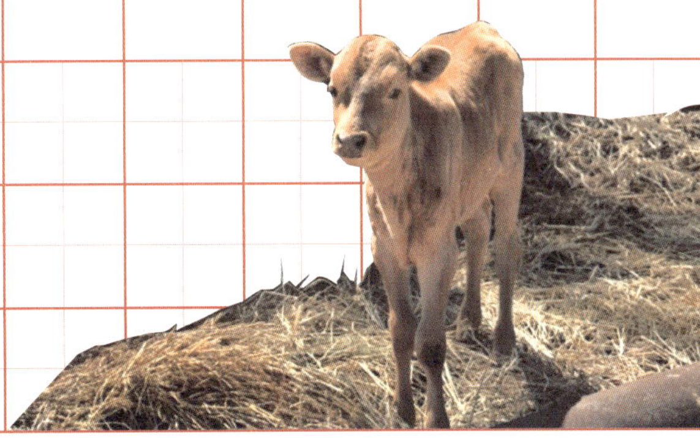

동물의 울음소리를 떠올리며 다음 문장을 큰 소리로 읽고, 바르게 써 보세요.

(국어 1-2가 36~37)

깊은 산 속엔 뻐꾸기

깊은 산 속엔 뻐꾸기

가 뻐꾹

가 뻐꾹

동물의 울음소리를 떠올리며 다음 문장을 큰 소리로 읽고, 바르게 써 보세요.

(국어 1-2가 36~37)

부뚜막 위엔 고양이

부뚜막 위엔 고양이

야옹

야옹

마루 밑에는 강아지

마루 밑에는 강아지

멍멍

멍멍

흉내 내는 말을 넣어 문장을 만들 수 있는지 확인 해 보고, 다음 문장을 바르게 써 보세요. (국어활동 1-2 10~13)

달이 두둥실 떠 있습

달이 두둥실 떠 있습

니다.

니다.

호랑이가 납작 엎드립

호랑이가 납작 엎드립

니다.

니다.

흉내 내는 말을 넣어 문장을 만들 수 있는지 확인 해 보고, 다음 문장을 바르게 써 보세요. (국어활동 1-2 10~13)

도둑이 살금살금 내려

도둑이 살금살금 내려

옵니다.

옵니다.

방울방울 울긋울긋 덩실덩실

방울방울 울긋울긋 덩실덩실

흉내 내는 말을 넣어 문장을 만들 수 있는지 확인 해 보고, 다음 문장을 바르게 써 보세요.

(국어 1-2가 40~43)

주	렁	주	렁
주	렁	주	렁

반	짝	반	짝
반	짝	반	짝

멍	멍
멍	멍

	해	바	라	기	가		쏙	쏙		싹	을
	해	바	라	기	가		쏙	쏙		싹	을
틔	웠	습	니	다	.						
틔	웠	습	니	다	.						

흉내 내는 말을 넣어 문장을 만들 수 있는지 확인 해 보고, 다음 문장을 바르게 써 보세요. (국어 1-2가 40~43)

비가 주룩주룩 내렸습니다.

비가 주룩주룩 내렸습니다.

햇볕이 쨍쨍 내리쬐었습니다.

햇볕이 쨍쨍 내리쬐었습니다.

흉내 내는 말을 넣어 문장을 만들 수 있는지 확인 해 보고, 다음 문장을 바르게 써 보세요.

(국어 1-2가 40~43)

해바라기는 꽃을 활짝

해바라기는 꽃을 활짝

피웠습니다.

피웠습니다.

나뭇잎이 살랑살랑 움

나뭇잎이 살랑살랑 움

직입니다.

직입니다.

흉내 내는 말을 넣어 문장을 만들 수 있는지 확인 해 보고, 다음 문장을 바르게 써 보세요.
(국어 1-2가 40~43)

고양이가 야옹야옹 웁니다.

고양이가 야옹야옹 웁니다.

구름이 둥실둥실 떠 있습니다.

구름이 둥실둥실 떠 있습니다.

흉내 내는 말을 넣어 문장을 만들 수 있는지 확인 해 보고, 다음 문장을 바르게 써 보세요.
(국어 1-2가 40~43)

자전거를 탄 사람이 따르릉 따르릉 지나갑니다.

자전거를 탄 사람이 따르릉 따르릉 지나갑니다.

신기한 이야기를 들으면 두눈이 번쩍 빛납니다.

신기한 이야기를 들으면 두눈이 번쩍 빛납니다.

슬픈 이야기를 들으면 엉엉 웁니다.

슬픈 이야기를 들으면 엉엉 웁니다.

재미있는 이야기를 들으면 까르르 웃습니다.

재미있는 이야기를 들으면 까르르 웃습니다.

흉내 내는 말을 생각하며 동시 "달리기"와 "방귀"를 읽어 보고 다음 낱말을 바르게 써 보세요. (국어 1-2가 44~47 국어활동 14)

가슴이 바람이 나도 친구도

벌	렁	벌	렁
벌	렁	벌	렁

- 아빠 방귀 우르르 쾅 천둥방귀

우르르 쾅	우르르 쾅	우르르 쾅

- 엄마 방귀 가르르릉 광 고양이방귀

가르르릉 광	가르르릉 광

- 내 방귀 삘리리리 피리 방귀

삘리리리	삘리리리

흉내 내는 말을 떠올려 바르게 써 보고, 재미있게 흉내 내어 보세요.

(국어1-2 가 44~47)

의성어

맴	맴
맴	맴

꿀	꿀	꿀
꿀	꿀	꿀

멍	멍
멍	멍

땡	땡	땡
땡	땡	땡

짹	짹
짹	짹

야	옹	야	옹
야	옹	야	옹

지	글	지	글
지	글	지	글

흉내 내는 말을 떠올려 바르게 써 보고, 재미있게 흉내 내어 보세요.

(국어1-2 가 44~47)

의성어

부	르	릉	부	르	릉
부	르	릉	부	르	릉

개	굴	개	굴
개	굴	개	굴

딩	동	딩	동
딩	동	딩	동

드	르	렁	드	르	렁
드	르	렁	드	르	렁

흉내 내는 말을 떠올려 바르게 써 보고, 재미있게 흉내 내어 보세요.

(국어1-2 가 44~47)

의성어

삐	악	삐	악
삐	악	삐	악

꽥	꽥
꽥	꽥

딸	랑	딸	랑
딸	랑	딸	랑

따	르	릉
따	르	릉

졸	졸
졸	졸

삐	뽀	삐	뽀
삐	뽀	삐	뽀

흉내 내는 말을 떠올려 바르게 써 보고, 재미있게 흉내 내어 보세요.
(국어1-2 가 44~47)

모양

푸	드	덕		푸	드	덕
푸	드	덕		푸	드	덕

폭	신	폭	신
폭	신	폭	신

반	짝	반	짝
반	짝	반	짝

꼬	불	꼬	불
꼬	불	꼬	불

우	뚝
우	뚝

흉내 내는 말을 떠올려 바르게 써 보고, 재미있게 흉내 내어 보세요.

(국어1-2 가 44~47)

모양

단풍이 울긋불긋

울	긋	불	긋
울	긋	불	긋

고추잠자리가
윙윙 날아 다닌다

윙	윙
윙	윙

동생이
깔깔 웃는다.

깔	깔
깔	깔

납작
엎드려요.

납	작
납	작

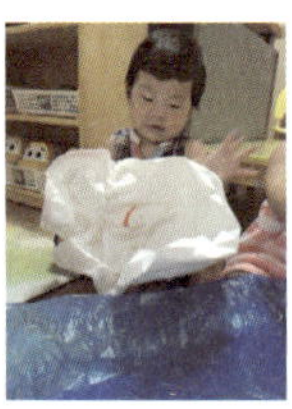

바스락 소리가 난다

바	스	락
바	스	락

비가 주룩주룩

주	룩	주	룩
주	룩	주	룩

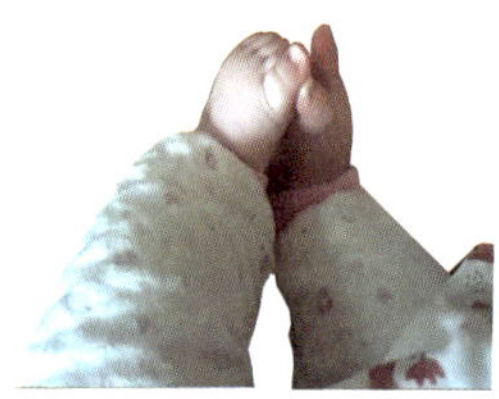

발가락이 꼼지락

꼼	지	락
꼼	지	락

흉내 내는 말을 떠올려 바르게 써 보고, 재미있게 흉내 내어 보세요.
(국어1-2 가 44~47)

모양

살금살금 다가가요.

살	금	살	금
살	금	살	금

물을 꿀꺽꿀꺽

꿀	꺽	꿀	꺽
꿀	꺽	꿀	꺽

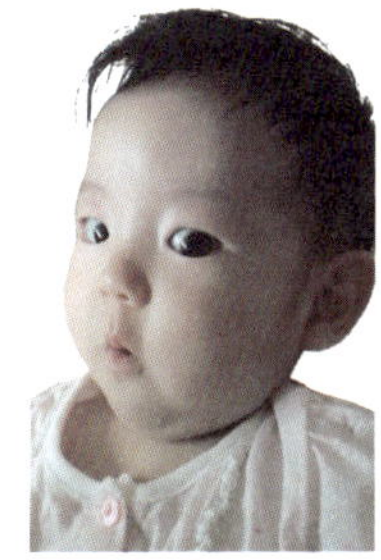

깜짝 놀라요.

깜	짝
깜	짝

나비가 팔랑팔랑

팔	랑	팔	랑
팔	랑	팔	랑

팥죽이 보글보글

보	글	보	글
보	글	보	글

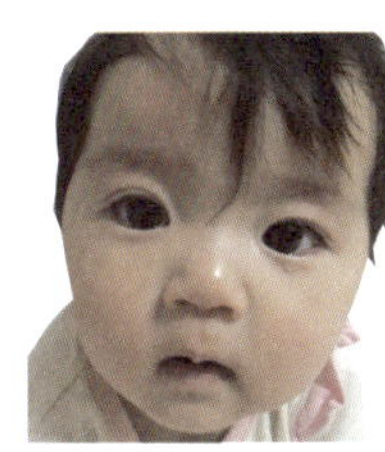

눈물이 뚝뚝

뚝	뚝
뚝	뚝

다음 '즐거운 단풍구경'의 문장을 바르게 써 보고, 흉내 내는 말을 몸으로 표현 해 보세요.
(국어 1-2가 48~49)

우리 가족은 공원에
우리 가족은 공원에

갔다. 단풍이 울긋불긋
갔다. 단풍이 울긋불긋

예쁘게 물들어 있었다.
예쁘게 물들어 있었다

고추잠자리가 윙윙 날아
고추잠자리가 윙윙 날아

다음 “즐거운 단풍구경”의 문장을 바르게 써 보고, 흉내 내는 말을 몸으로 표현 해 보세요. (국어 1-2가 48~49)

다	니	고		우	리		강	아	지	도	
다	니	고		우	리		강	아	지	도	
신	이		나	서		멍	멍		짖	었	다.
신	이		나	서		멍	멍		짖	었	다.
동	생	도		깔	깔		웃	으	며		이
동	생	도		깔	깔		웃	으	며		이
리	저	리		뛰	어		다	녔	다	.	우
리	저	리		뛰	어		다	녔	다	.	우

다음 "즐거운 단풍구경"의 문장을 바르게 써 보고, 흉내 내는 말을 몸으로 표현해 보세요.

(국어 1-2가 48~49)

리 가족은 단풍을 보며

리 가족은 단풍을 보며

즐거운 시간을 보냈다.

즐거운 시간을 보냈다.

공원

공원

고추잠자리

고추잠자리

단풍

단풍

놀이터에서 무엇을 하고 있는지 생각해 보고, 받침이 있는 다음 문장을 바르게 써 보세요. (국어 1-2가 52~53)

나는 모래 놀이터에

나는 모래 놀이터에

앉아서 친구와 놀았다.

앉아서 친구와 놀았다.

우리는 모래성을 많이

우리는 모래성을 많이

쌓았다.

쌓았다.

"ㄲ" 받침이 있는 낱말을 따라 써 보고 큰 소리로 바르게 읽어 보세요.

(국어 1-2가 52~55 국어활동 15~21)

ㄲ
볶

떡	볶	이
떡	볶	이

볶	음	밥
볶	음	밥

낚	다
낚	다

묶	다
묶	다

꺾	다
꺾	다

닦	다
닦	다

섞	다
섞	다

창	밖
창	밖

깎	다
깎	다

엮	다
엮	다

낚	시
낚	시

"ㄳ" "ㄵ" 받침이 있는 낱말을 따라 써 보고 큰 소리로 바르게 읽어 보세요.
(국어 1-2가 52~55 국어활동 15~21)

ㄳ

몫 ▶ ㅁ ㅗ ㄳ

넋	두	리
넋	두	리

품	삯
품	삯

ㄵ

앉 ▶ ㅇ ㅏ ㄵ

앉	다
앉	다

얹	다
얹	다

꿇	어	앉	다
꿇	어	앉	다

끼	얹	다
끼	얹	다

얹	혀	살	다
얹	혀	살	다

"ㄶ" 받침이 있는 낱말을 따라 써 보고 큰 소리로 바르게 읽어 보세요.
(국어 1-2가 52~55 국어활동 15~21)

ㄶ

끊 ▶ ㄲ ㅡ ㄶ

많	다
많	다

끊	다
끊	다

괜	찮	다
괜	찮	다

점	잖	다
점	잖	다

하	찮	다
하	찮	다

언	짢	다
언	짢	다

편	찮	다
편	찮	다

귀	찮	다
귀	찮	다

"ㄺ" "ㄻ" 받침이 있는 낱말을 따라 써 보고 큰 소리로 바르게 읽어 보세요.
(국어 1-2가 52~55 국어활동 15~21)

ㄺ ▶

암	닭
암	닭

밝	다
밝	다

맑	다
맑	다

읽	다
읽	다

ㄻ ▶

짊	어	지	다
짊	어	지	다

굶	다
굶	다

젊	다
젊	다

삶	다
삶	다

옮	기	다
옮	기	다

굶	주	리	다
굶	주	리	다

"ㄼ" 받침이 있는 낱말을 따라 써 보고 큰 소리로 바르게 읽어 보세요.
(국어 1-2가 52~55 국어활동 15~21)

ㄼ

덟 ▶ 더 + ㄼ

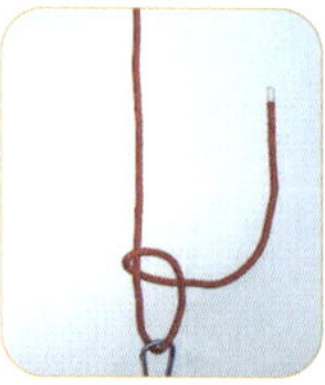

짧	다
짧	다

넓	다
넓	다

엷	다
엷	다

얇	다
얇	다

여	덟
여	덟

밟	다
밟	다

"ㄾ" "ㄿ" 받침이 있는 낱말을 따라 써 보고 큰 소리로 바르게 읽어 보세요.

(국어 1-2가 52~55 국어활동 15~21)

ㄾ ▶

훑	다
훑	다

핥	다
핥	다

개	미	핥	기
개	미	핥	기

ㄿ ▶

읊	다
읊	다

읊	조	리	다
읊	조	리	다

"ㅀ" "ㅄ" 받침이 있는 낱말을 따라 써 보고 큰 소리로 바르게 읽어 보세요.
(국어 1-2가 52~55 국어활동 15~21)

ㅀ ▶

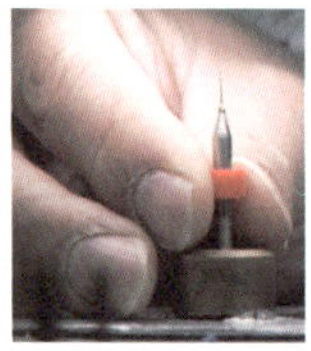

뚫	다
뚫	다

끓	다
끓	다

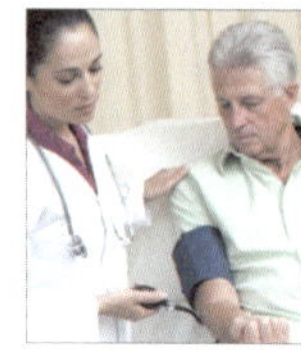

앓	다
앓	다

ㅄ

값 ▶ ㄱ ㅏ ㅄ

책	값
책	값

가	엾	다
가	엾	다

끝말 잇기를 하며 다음 낱말을 큰 소리로 읽고 바르게 써 보세요.

(국어 1-2가 56~59)

아	기
아	기

기	차
기	차

차	도
차	도

도	화	지
도	화	지

지	팡	이
지	팡	이

이	불
이	불

불	조	심
불	조	심

심	장
심	장

장	미
장	미

미	소
미	소

소	리
소	리

끝말 잇기를 하며 다음 낱말을 큰 소리로 읽고 바르게 써 보세요.

(국어 1-2가 56~59)

송아지
송아지

지도
지도

도자기
도자기

단풍
단풍

풍선
풍선

선물
선물

물고기
물고기

기둥
기둥

둥지
둥지

지구
지구

구두
구두

다음 문장을 큰 소리로 읽고, 바르게 써 보세요. (국어활동 1-2가 19~20)

앉았습니다.

앉았습니다.

이를 닦았습니다.

이를 닦았습니다.

하늘이 맑습니다.

하늘이 맑습니다.

친구가 많습니다.

친구가 많습니다.

다음 문장을 큰 소리로 읽어 보고, 흉내 내는 말을 생각하며 바르게 써 보세요.
(국어활동 20~21쪽)

새가 하늘을 훨훨 날
새가 하늘을 훨훨 날

아갑니다. 그 모습을 보
아갑니다. 그 모습을 보

고 아기가 깡충깡충 뜁
고 아기가 깡충깡충 뜁

니다.
니다.

벙렁벌렁
벙렁벌렁

울긋불긋
울긋불긋

쨍쨍
쨍쨍

3 문장으로 표현해요.

자신의 생각을 문장으로 표현해 봅시다.

1. 문장 부호의 쓰임을 알고 문장을 바르게 써 봅시다.
2. 생각을 문장으로 나타내 봅시다.
3. 여러 개의 문장으로 표현해 봅시다.
4. 받침에 주의해 문장을 써 봅시다.
5. 글을 읽고 생각이나 느낌을 문장으로 써 봅시다.

다음 문장을 큰 소리로 읽고 바르게 써 보며 무엇을 하고 있는지 생각해 보세요. (국어 1-2가 62~64)

친구들이 응원을 합니다.

친구들이 응원을 합니다.

남자아이들이 만세를 부릅니다.

남자아이들이 만세를 부릅니다.

다음 문장을 큰 소리로 읽고 써 보며 무엇을 하고 있는지 생각 해 보세요.
(국어 1-2가 62~64)

친구들이 달릴 준비를 합니다.

친구들이 달릴 준비를 합니다.

아이들이 줄넘기를 잘 합니다.

아이들이 줄넘기를 잘 합니다.

문장 부호의 이름과 쓰임을 알고, 문장을 바르게 써 보세요.

(국어활동 22~24)

• 마침표(온점) : 문장이 끝났을 때 씁니다.

마	침	표	.	.	.	.	.	.	.
마	침	표	.	.	.	.	.	.	.

, 쉼표(반점) : 의미가 잠깐 중지되거나 읽을 때 쉴 자리에 씁니다.

쉼	표	,	,	,	,	,	,	,	,
쉼	표	,	,	,	,	,	,	,	,

? 물음표 : 의문이나 물음을 나타낼 때 씁니다.

물	음	표	?	?	?	?	?	?	?
물	음	표	?	?	?	?	?	?	?

문장 부호의 이름과 쓰임을 알고, 문장을 바르게 써 보세요.

(국어활동 22~24)

! 느낌표 : 느낌이나 감탄 등을 나타낼 때 씁니다.

느	낌	표	!	!	!	!	!	!	!
느	낌	표	!	!	!	!	!	!	!

" " 큰따옴표 : 대화 인용 특별 문장을 나타 낼 때 씁니다.

큰	따	옴	표	"	"	"	"	"	"
큰	따	옴	표	"	"	"	"	"	"

' ' 작은따옴표 : 마음속으로 할 말을 적을 때에 씁니다.

작	은	따	옴	표	'	'	'	'	'
작	은	따	옴	표	'	'	'	'	'

문장 부호의 이름과 쓰임을 알아보고, '마술사'를 읽고 다음 문장을 예쁘고 바르게 써 보세요. (국어활동 1-2 22~24)

‘어떤 마술을 보여

‘어떤 마술을 보여

줄까?’

줄까?’

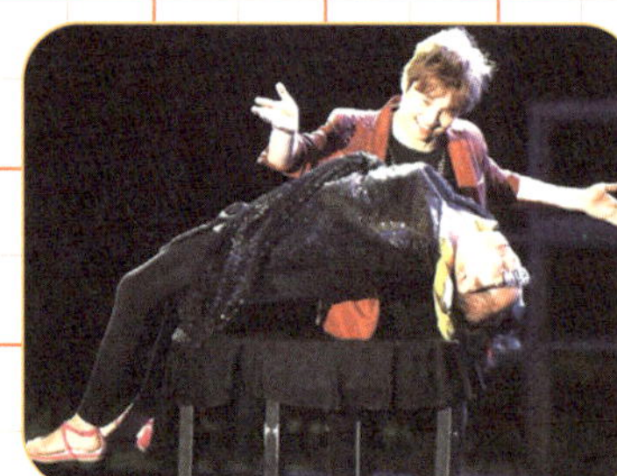

“여러분, 모두 여기를

“여러분, 모두 여기를

보세요.”

보세요.”

문장 부호의 이름과 쓰임을 알아보고, 다음 문장을 예쁘고 바르게 써 보세요.

(국어 1-2가 66~69 국어활동 22~24)

'오늘 이야기 재미있었나요?'

'오늘 이야기 재미있었나요?'

"집에 가서 뭐 할 거야?"

"집에 가서 뭐 할 거야?"

문장 부호의 이름과 쓰임을 알아보고, 다음 문장을 예쁘고 바르게 써 보세요.

(국어 1-2가 66~69 국어활동 22~24)

"동화책 읽을 거야?"

"동화책 읽을 거야?"

"재미있겠지?"

"재미있겠지?"

'흥부는 정말 착하구나!'

'흥부는 정말 착하구나!'

문장 부호의 이름과 쓰임을 알아보고, 다음 문장을 예쁘고 바르게 써 보세요.

(국어 1-2가 66~69 국어활동 22~24)

“그것이 무엇이냐?

“그것이 무엇이냐?”

“이건 떡입니다.

“이건 떡입니다.

“그래, 맛있는지 한번
먹어 볼까?

“그래, 맛있는지 한번
먹어 볼까?

생각을 문장으로 나타낼 수 있는지 생각해 보고, 다음 문장을 바르게 써 보세요.

(국어 1-2가 72~73 국어활동 25~29)

아빠, 더워요. 창문을

아빠, 더워요. 창문을

열어 주세요.

열어 주세요.

선생님, 테이프가 잘

선생님, 테이프가 잘

안 붙어요. 도와주세요.

안 붙어요. 도와주세요.

생각을 문장으로 나타낼 수 있는지 생각해 보고, 다음 문장을 바르게 써 보세요.

(국어 1-2가 74~79 국어활동 27~28)

배가 아팠다.

아이스크림을 너무 많이 먹어서 배가

콕콕 쑤시듯이 아팠다.

선물을 받았다.

오늘은 내 생일이어서 친구한테 인형을

선물로 받았다.

생각을 문장으로 나타낼 수 있는지 생각해 보고, 다음 문장을 바르게 써 보세요.

(국어 1-2가 72~79 국어활동 25~64)

저녁 식사를 했습니다.

된장찌개를 맛있게 먹으며 가족과 함께

저녁 식사를 했습니다.

박물관에 갔습니다.

버스를 타고 친구들과 재미있게 지진

박물관에 갔습니다.

생각을 문장으로 나타낼 수 있는지 생각해 보고, 다음 문장을 바르게 써 보세요.

(국어 1-2가 74~79 국어활동 27~28)

동생이 김밥을 먹습니다.

모두 즐겁게 웃습니다.

호수가 잔잔합니다.

사람들이 배를 탑니다.

나무가 바람에 흔들립니다.

나뭇잎이 아래로 떨어집니다.

여러 가지 받침을 생각하며 '잠자리'를 읽어 보고 받침에 주의해 다음 문장을 바르게 써 보세요. (국어 1-2가 80~83)

ㄱ
ㅜ
ㄺ

잠자리의 배는 굵은 나뭇

가지를 닮았습니다.

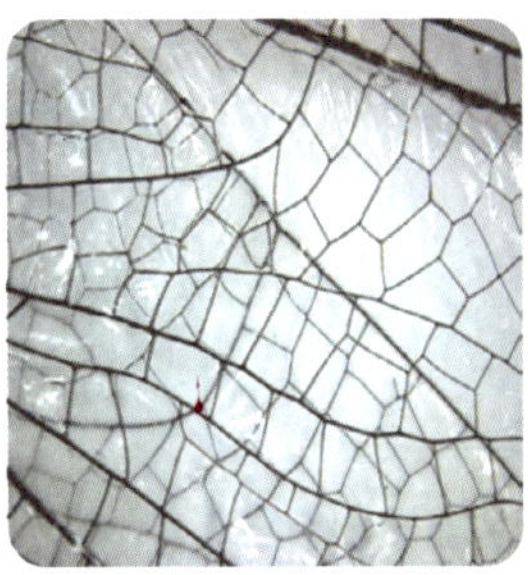

ㅇ ㅑ
ㄼ

잠자리의 날개는 얇은 그물

처럼 생겼습니다.

뚫다

뚫다	뚫다

젊다

젊다	젊다

핥다

핥다	핥다

여러 가지 받침을 생각하며 받침에 주의해 다음 문장을 바르게 써 보세요.

(국어 1-2가 80~83)

끓다
끓다

옮기다
옮기다

읽다
읽다

밝다
밝다

넓다
넓다

흙
흙

동물들의 생각이나 느낌을 떠올리며 '사자의 지혜'를 읽어 보고 낱말을 바르게 써 보세요.

(국어 1–2가 84~92 국어활동 29)

넓고 | 초원 | 옥신각신 | 다툼

원숭이 | 기린 | 버럭 | 코끼리

악어 | 양보 | 방해 | 화해 | 칭찬

4

바른 자세로 말해요.

바른 자세로 자신 있게 말해 봅시다.

1. 바른 자세로 이야기를 함께 들어 봅시다.
2. 듣는 사람을 바라보며 자신 있게 말해 봅시다.
3. 느낌을 살려 이야기를 읽어 줍시다.
4. 잘하는 것을 자신 있게 말해 봅시다.

'아빠가 아플 때'를 읽고, 다음 낱말을 큰 소리로 읽으며 바르게 써 보세요.

(국어활동 1~2 32~47)

침	대
침	대

주	전	자
주	전	자

신	문
신	문

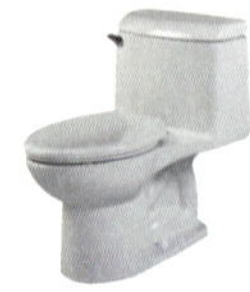

변	기
변	기

양	복
양	복

넥	타	이
넥	타	이

구	두
구	두

회	사
회	사

'아빠가 아플 때'를 읽고, 다음 낱말을 큰 소리로 읽으며 바르게 써 보세요. (국어활동 1~2 32~47)

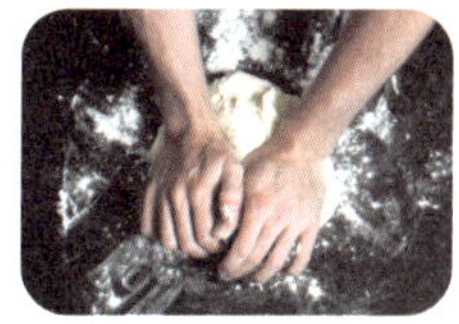

버	스
버	스

치	킨
치	킨

귀	염	둥	이
귀	염	둥	이

반	죽
반	죽

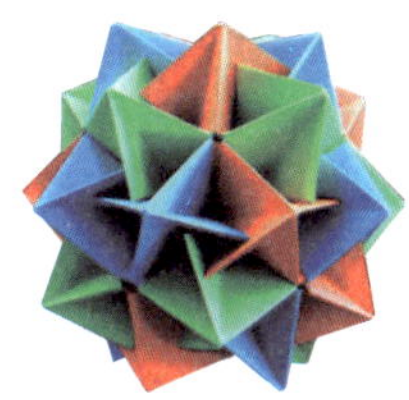

밀	가	루
밀	가	루

수	염
수	염

뾰	족	뾰	족
뾰	족	뾰	족

자신의 꿈이 무엇인지 생각해 보고, 다음 문장을 바르게 써 보세요.

(국어 1~2가 106~107)

내 꿈은 요리사입니다. 세계 여러 나라의 음식에 대해 공부할 것입니다.

내 꿈은 요리사입니다. 세계 여러 나라의 음식에 대해 공부할 것입니다.

자신의 꿈이 무엇인지 생각해 보고, 다음 문장을 바르게 써 보세요.

(국어 1~2가 106~107)

많은 사람에게 맛있는

많은 사람에게 맛있는

음식을 만들어 주고 싶

음식을 만들어 주고 싶

습니다.

습니다.

내가 만든 요리를 먹

내가 만든 요리를 먹

자신의 꿈이 무엇인지 생각해 보고, 다음 문장을 바르게 써 보세요.

(국어 1~2가 106~107)

고 많은 사람이 행복해

고 많은 사람이 행복해

졌으면 좋겠습니다.

졌으면 좋겠습니다.

꿈 요리사 음식 공부

꿈 요리사 음식 공부

'콩 한 알과 송아지'를 읽어 보고, 다음 낱말을 큰 소리로 읽으며 바르게 써 보세요. (국어 1~2가 108~113)

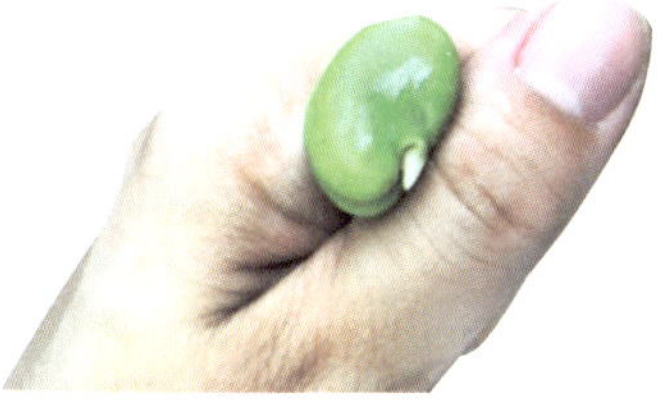

콩		한		알
콩		한		알

창	밖
창	밖

옛	날
옛	날

동	네
동	네

할	아	버	지
할	아	버	지

송	아	지
송	아	지

꾹		밟	아
꾹		밟	아

꿩
꿩

생	신		선	물
생	신		선	물

'콩 한 알과 송아지'를 읽어 보고, 다음 낱말을 큰 소리로 읽으며 바르게 써 보세요.

(국어 1~2가 108~113)

병	아	리
병	아	리

어	미		닭
어	미		닭

달	걀
달	걀

깜	짝
깜	짝

함	박	웃	음
함	박	웃	음

아	버	지
아	버	지

생	각
생	각

친	구
친	구

목	소	리
목	소	리

표	정
표	정

자신이 잘하는 것을 떠올려 보며, 다음 문장을 바르게 써 보세요.

(국어 1~2가 114~115)

밥을 잘 먹어요.

밥을 잘 먹어요.

아침에 일찍 일어나요.

아침에 일찍 일어나요.

동물 흉내를 잘 낼

동물 흉내를 잘 낼

수 있어요.

수 있어요.

바른 자세로 말하기와 듣기를 생각해 보고, 다음 문장을 큰 소리로 읽고 바르게 써 보세요. (국어 1~2가 117)

자신 있게 말하기.

듣는 사람을 바라본다.

듣는 사람을 바라본다.

또박또박 말한다.

또박또박 말한다.

바른 자세로 듣기.

말하는 사람을 바라본다.

말하는 사람을 바라본다.

귀 기울여 듣는다.

귀 기울여 듣는다.

5 알맞은 목소리로 읽어요.

글을 소리 내어 읽어 봅시다.

1. 알맞은 목소리로 글을 읽어야 하는 까닭을 알아봅시다.
2. 소리 내어 시를 읽어 봅시다.
3. 알맞은 목소리로 이야기를 읽어 봅시다.
4. 좋아하는 글을 찾아 친구들에게 읽어 줍시다.

'똑같아요' 노래를 들어 보며, 재미있게 따라 불러보고 다음 문장을 바르게 써 보세요. (국어 1~2가 120~122)

무엇이 무엇이 똑같은가.

젓	가	락		두		짝	이
젓	가	락		두		짝	이

똑같아요

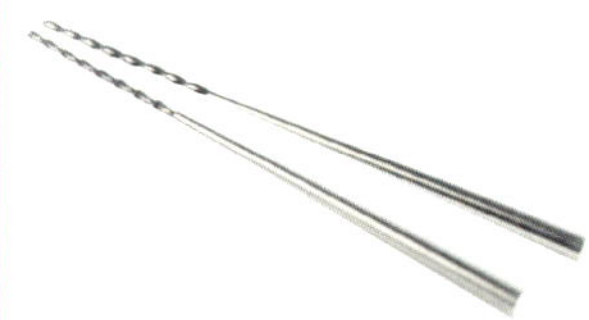

윷	가	락		네		짝	이
윷	가	락		네		짝	이

똑같아요

내		양	말		두		짝	이
내		양	말		두		짝	이

똑같아요

내		장	갑		두		짝	이
내		장	갑		두		짝	이

똑같아요

소리 내어 시를 읽을 수 있는지 생각해 보고, 느낌을 살려 '아침'을 알맞은 목소리로 읽고, 문장을 바르게 써 보세요. (국어활동 1~2가 48~49)

뚜, 뚜,

뚜, 뚜,

나팔꽃이 일어나래요.

나팔꽃이 일어나래요.

똑, 똑,

똑, 똑,

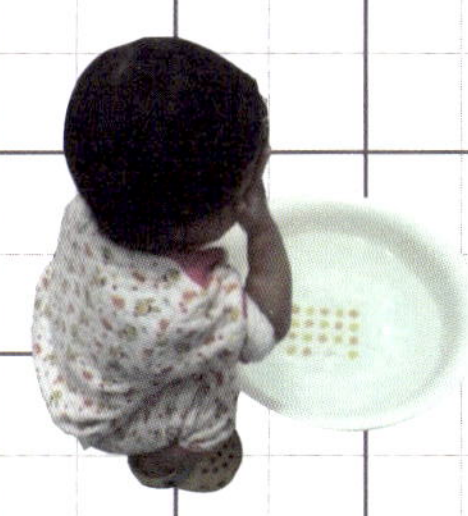

아침 이슬이 세수하래

아침 이슬이 세수하래

소리 내어 시를 읽을 수 있는지 생각해 보고, 느낌을 살려 '아침'을 알맞은 목소리로 읽고, 문장을 바르게 써 보세요. (국어활동 1~2가 48~49)

요.

요.

방긋, 방긋,

방긋, 방긋,

아침 해가 노래하재요.

아침 해가 노래하재요.

나팔꽃 아침 이슬 방긋 해

나팔꽃 아침 이슬 방긋 해

알맞은 목소리로 '교통안전'을 읽어 보고, 다음 문장을 바르게 써 보세요.

(국어 1~2가 126~127)

차를 타면 꼭 안전띠를 매요.

차를 타면 꼭 안전띠를 매요.

차에서 내리기 전에 좌우를 꼭 살펴요.

차에서 내리기 전에 좌우를 꼭 살펴요.

차에서 내릴 때 옷이 문에 끼지 않게 조심해요.

차에서 내릴 때 옷이 문에 끼지 않게 조심해요.

차에서 내려 길을 건널 때 좌우를 꼭 살펴요.

차에서 내려 길을 건널 때 좌우를 꼭 살펴요.

마음을 표현하려면 어떤 목소리로 읽어야 좋을지 생각해 보고, 다음 문장을 바르게 써 보세요. (국어활동 1~2 50~53)

놀람 : 빠르고 높은 목소리로 큰일이라는 듯이

	내	가		저		구	덩	이	에		빠
	내	가		저		구	덩	이	에		빠
진		건		모	두		너		같	은	
진		건		모	두		너		같	은	
사	람		때	문	이	야	.				
사	람		때	문	이	야	.				

화남 : 강하고 큰 목소리로 성질을 내며

	내	가		소	가		되	었	다	고	?
	내	가		소	가		되	었	다	고	?

마음을 표현하려면 어떤 목소리로 읽어야 좋을지 생각해 보고, 다음 문장을 바르게 써 보세요. (국어활동 1~2 50~53)

궁금함 : 끝을 올려 읽으며 궁금하다는 듯이

여기 웬 샘물이 있지?

여기 웬 샘물이 있지?

간절함 : 떨리는 목소리로 애원하듯이

하느님, 하느님, 저희를 살리시려거든 굵은 밧줄을 내려 주세요.

하느님, 하느님, 저희를 살리시려거든 굵은 밧줄을 내려 주세요.

마음을 표현하려면 어떤 목소리로 읽어야 좋을지 생각해 보고, 다음 문장을 바르게 써 보세요.
(국어활동 1~2 50~53)

“나무꾼님, 나무꾼님! 사
“나무꾼님, 나무꾼님! 사

냥꾼이 쫓아와요. 제발
냥꾼이 쫓아와요. 제발

저를 숨겨 주세요.
저를 숨겨 주세요.

“노루요? 아니요, 여기
“노루요? 아니요, 여기

마음을 표현하려면 어떤 목소리로 읽어야 좋을지 생각해 보고, 다음 문장을 바르게 써 보세요. (국어활동 1~2가 50~53)

에는 아무것도 오지 않았어요.

에는 아무것도 오지 않았어요.

나무꾼님, 목숨을 구해 주셔서 고맙습니다.

나무꾼님, 목숨을 구해 주셔서 고맙습니다.

즐거웠던 일을 생각하며 "너도 와"를 큰 소리로 읽어 보고, 다음 문장을 바르게 써 보세요. (국어 1~2가 128~131)

애들아, 우리 집에 와.

애들아, 우리 집에 와.

참새야, 너도 와.

참새야, 너도 와.

노랑나비야, 너도 와.

노랑나비야, 너도 와.

집이 꽉 찹니다.

집이 꽉 찹니다.

"슬퍼하는 나무"를 읽어 보고 다음 낱말을 큰 소리로 읽고 바르게 써 보세요.

(국어 1~2가 132~137)

새 한 마리

둥지

도련님

새알

허리춤

고운 털

바람

하나

둘

셋

넷

다섯

여섯

알맞은 목소리로 “냄새 맡은 값”을 읽어 보고, 다음 낱말을 큰 소리로 읽으며 바르게 써 보세요.

(국어활동 1~2 54~57)

나쁜 구두쇠 영감

국밥집

냄새

돈주머니

엽전

소리

분명히

틀림없이

창피해서

6

고운 말을 해요.

고운 말로 말해 봅시다.

1. 고운 말을 쓰면 좋은 점을 알아봅시다.
2. 자신의 기분을 말하는 방법을 알아봅시다.
3. 듣는 사람을 생각하며 기분을 말해 봅시다.
4. 고운 말로 인사해 봅시다.

다른 사람의 말을 듣고 기분이 좋았던 경험을 생각해 보고, 다음 문장을 바르게 써 보세요.

(국어1-2 나 152~153 국어활동 58~63)

고운 말

오늘 귀엽게 입고 왔네.	공놀이 같이 할래?
내가 도와줄까?	아, 미안해 내가 주워 줄게
생일 축하해!	내가 미처 널 못 봤어.
와 모자가 참 잘 어울린다.	정말 미안해.
노래 참 잘한다 !	어머 미안해 많이 아프지?

기분을 좋게 하는 말이 무엇인지 생각하며 '몽몽 숲의 박쥐 두 마리'를 읽고, 다음 낱말을 바르게 써 보세요. (국어1-2 나 156~173)

박	쥐
박	쥐

열	매
열	매

과	일
과	일

동	물
동	물

친	구
친	구

대	롱	대	롱
대	롱	대	롱

초	대
초	대

주	렁	주	렁
주	렁	주	렁

가	시	나	무
가	시	나	무

기분을 좋게 하는 말이 무엇인지 생각하며 '몽몽 숲의 박쥐 두 마리'를 읽고, 다음 낱말을 바르게 써 보세요. (국어1-2 나 156~173)

오	순	도	순
오	순	도	순

탐	스	러	운
탐	스	러	운

딱	딱	한
딱	딱	한

듬	성	듬	성
듬	성	듬	성

달	콤
달	콤

뽀	족
뽀	족

딱	딱	한
딱	딱	한

고	마	워
고	마	워

'몽몽 숲의 박쥐 두 마리'를 읽고 다음 문장을 바르게 써 보세요.
(국어1-2 나 156~173)

달콤 박쥐

친구들아, 정말 반가워!

"울지 마." 친구야. 나랑 가서 열매 먹자."

뾰족 박쥐

"친구는 무슨 친구! 흥!"

"퉤퉤! 무슨 맛이 이래?"

다음 기분을 나타내는 말을 바르게 써 보세요.

(국어1-2 나 156~173)

새 장난감이 생겨서	기뻐요.

새 장난감이 생긴 친구를 보니	부러워요.

새 장난감이 망가져서	슬퍼요.

내가 친구의 장난감을 망가뜨려서	미안해요.

듣는 사람을 생각하며 어떤 말을 해야 할지 떠올려보고 다음 낱말을 써 보세요. (국어1-2 나 166~167)

아	침
아	침

독	서
독	서

주	인	공
주	인	공

바	꿔
바	꿔

솔	직	한
솔	직	한

기	분
기	분

생	각
생	각

궁	금
궁	금

축	구
축	구

숙	제
숙	제

지	우	개
지	우	개

착	각
착	각

사과를 받은 친구가 듣는 사람을 생각하며, 다음 문장을 바르게 써 보세요.

(국어1-2 나 168~173)

늦어서 미안해. 괜찮아. 다음에는 약속 시간을 꼭 지켜줘.

늦어서 미안해. 괜찮아. 다음에는 약속 시간을 꼭 지켜줘.

미안해. 내 지우개랑 똑같이 생겨서 착각했어.

미안해. 내 지우개랑 똑같이 생겨서 착각했어.

잃어버린 줄 알았는데 찾아서 다행이다.

잃어버린 줄 알았는데 찾아서 다행이다.

미안해! 옷 많이 젖었니? 괜찮아 곧 마를거야.

미안해! 옷 많이 젖었니? 괜찮아 곧 마를거야.

7

무엇이 중요할까요.

중요한 내용을 확인하며 글을 읽어 봅시다.

1. 누가 무엇을 했는지 생각하며 글을 읽어 봅시다.
2. 일어난 일을 생각하며 글 읽기를 해 봅시다.
3. 내용에 알맞게 제목을 붙여 봅시다.
4. 내용을 확인하며 글를 읽어 봅시다.

'개미와 비둘기'를 읽고 누가 무엇을 했는지 생각하며 다음 낱말을 바르게 써 보세요. (국어활동 1-2 나 64~67)

개미

비둘기

나뭇잎

사냥꾼

강물

다리

총

'개미와 비둘기'를 읽고 누가 무엇을 했는지 생각하며 다음 문장을 바르게 써 보세요. (국어활동 1-2 나 64~67)

자신을 살려 주어서 고맙다고 인사 했어요.

사냥꾼의 다리를 꽉 깨물었어요.

나뭇잎을 따서 강물에 떨어뜨렸어요.

자신을 살려 주어서 고맙다고 인사했어요.

비둘기를 쏘려고 했어요.

'소금을 만드는 맷돌'을 읽어 보고 누가 무엇을 했는지 생각하며 다음 낱말을 바르게 써 보세요.
(국어 1-2 나 180~187)

소	금
소	금

맷	돌
맷	돌

백	성
백	성

임	금	님
임	금	님

바	닷	속
바	닷	속

배
배

도	둑
도	둑

기	우	뚱
기	우	뚱

'소금을 만드는 맷돌'을 읽어 보고 누가 무엇을 했는지 생각하며 다음 문장을 바르게 써 보세요. (국어 1-2 나 180~187)

임금님

임금님은 백성을 아끼고 사랑했어요. 가난한 사람들에게 쌀과 옷을 나누어 주었지요. 맷돌 앞에서 "나와라!" "멈춰라!"를 외치고 있었어요.

도둑

도둑은 모두 잠든 사이 맷돌을 훔쳐 도망을 쳤어요. "나와라 소금!" 그러자 맷돌에서 하얀 소금이 쏟아져 나왔고, 점점 배 안에 쌓여 갔어요. 소금으로 가득 찬 배는 기우뚱기우뚱하면서 가라앉기 시작했어요. 도둑은 너무 놀라 "멈춰라, 소금!"이라는 말을 잊어버렸어요.

'신나는 토요일'을 읽어 보고 어떤 일이 있었는지 생각해 보고 다음 낱말을 바르게 써 보세요. (국어 1-2 나 188~199)

놀	이	공	원
놀	이	공	원

솜	사	탕
솜	사	탕

가	족
가	족

회	전	목	마
회	전	목	마

공	룡
공	룡

마	차
마	차

'벌레잡이 식물'을 읽고 어떤 일이 일어나는지 생각해 보며 다음 낱말을 바르게 써 보세요. (국어활동 1-2 68~71)

파	리
파	리

먹	이
먹	이

색	깔
색	깔

예	쁜
예	쁜

주	머	니
주	머	니

냄	새
냄	새

미	끌	미	끌
미	끌	미	끌

풍	덩
풍	덩

벌	레	잡	이	풀
벌	레	잡	이	풀

바	닥
바	닥

교과서에 있는 쪽지를 읽고 학교에 다녀와서 해야 할 일의 차례를 생각하며 다음 문장을 바르게 써 보세요. (국어활동 1-2 70~71)

손발 씻기

손발 씻기

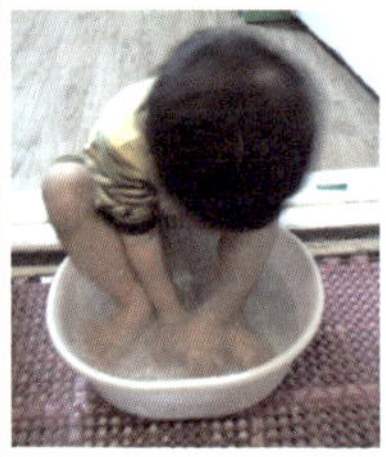

바나나 먹기

바나나 먹기

바나나 껍질을 음식 쓰레기통에 버리기

바나나 껍질을 음식 쓰레기통에 버리기

연필 깎기

연필 깎기

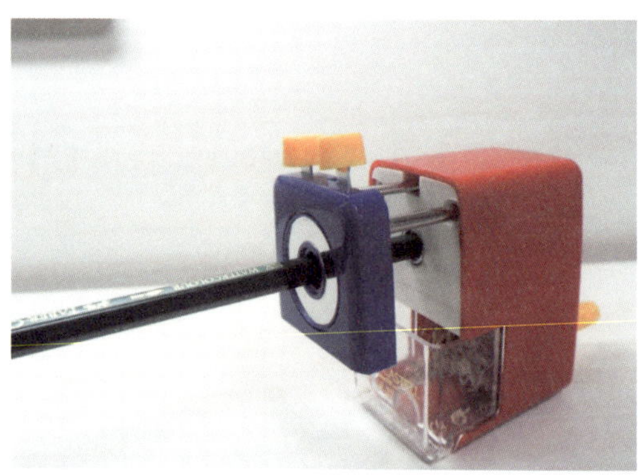

띄어 읽어요.

글을 바르게 띄어 읽어 봅시다.

1. 글을 바르게 띄어 읽는 방법을 알아봅시다.
2. 글을 바르게 띄어 읽어 봅시다.
3. 글을 읽고 무엇을 설명하는지 알아봅시다.
4. 무엇을 설명하는지 생각하며 글을 읽어 봅시다.
5. 글을 실감 나게 읽어 봅시다.

'추석 명절'을 읽어 보고 어떤 일이 있었는지 생각해 보고 다음 낱말을 바르게 써 보세요. (국어 1-2 나 204)

추	석
추	석

가	족
가	족

명	절
명	절

친	척
친	척

음	식
음	식

햇	과	일
햇	과	일

햇	곡	식
햇	곡	식

'양치기 소년과 늑대'를 큰 소리 내어 읽어 보고 다음 낱말을 바르게 써 보세요. (국어활동 1-2 나 72~73)

양	치	기

늑	대

소	년

풀	밭

거	짓	말

마	을

장	난

진	짜

깜	짝

엉	엉

행	동

후	회

표지판에는 어떤 뜻이 있는지 알아보고 다음 문장을 바르게 써 보세요.

(국어활동 1-2 나 74~75)

위험한 일이 생기면 이곳을 통해 밖으로 나가요.

목이 마르면 이곳에서 물을 마실 수 있어요.

여기에서는 사진을 찍으면 안 돼요.

화장실에 가고 싶을 때 이곳을 이용해요.

'지우개'를 읽어 보고 무엇을 설명하는지 생각하며 다음 낱말을 큰 소리로 읽고 바르게 써 보세요. (국어 1-2 나 214~217 국어활동 76~77)

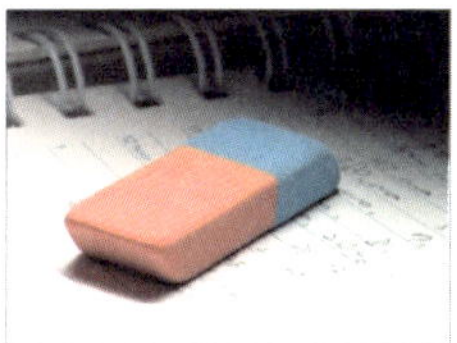

지	우	개
지	우	개

가	위
가	위

손	가	락
손	가	락

미	용	사
미	용	사

소	방	관
소	방	관

의	사
의	사

"뿌리를 먹는 채소"를 읽고 무엇을 설명하는지 생각하며 다음 문장을 큰 소리로 읽고 바르게 써 보세요. (국어 1-2 나 218~221)

기침감기에 좋다.

소화가 잘된다.

눈에 좋다.

변비에 걸리지 않는다.

9

겪은 일을 글로 써요.

글을 바르게 띄어 읽어 봅시다.

1. 겪은 일이 잘 드러나게 말해 봅시다.
2. 겪은 일에 대한 생각이나 느낌을 말해 봅시다.
3. 겪은 일이 잘 드러나게 글로 써 봅시다.
4. 가장 쓰고 싶은 일을 일기로 써 봅시다.

겪은 일을 생각하며 다음 낱말을 큰 소리로 읽어 보고 바르게 써 보세요.

(국어 1-2 나 240~253 국어활동 78~81)

연	날	리	기
연	날	리	기

운	동	회
운	동	회

인	형
인	형

놀	이	터
놀	이	터

장	난	감		가	게
장	난	감		가	게

가	게	놀	이
가	게	놀	이

변	신		로	봇
변	신		로	봇

생각이나 느낌을 나타내는 여러 가지 표현을 바르게 써 보세요.

(국어 1-2 나 244)

멋	지	다

멋 지 다

무	섭	다

무 섭 다

귀	찮	다

귀 찮 다

기	쁘	다

기 쁘 다

신	나	다

신 나 다

부	끄	럽	다

부 끄 럽 다

화	나	다

화 나 다

놀	라	다

놀 라 다

불	쌍	하	다

불 쌍 하 다

겪은 일이 잘 드러나게 글을 쓸 수 있는지 생각하며 다음 문장을 바르게 써 보세요. (국어활동 1-2 80~81)

▶ 언제, 어디에서 누구와 있었던 일인지 써 봅시다.

11월 25일 금요일 오후에 공원에서 아빠와

연날리기를 했다.

▶ 어떤 점이 재미있는지, 그리고 왜 그것이 재미 있었는지 써 봅시다.

오랜만에 아빠와 공원에 나와 연날기를 하니

재미있었다. 다음에 또 하고 싶다.

일기 '연날리기'를 읽고 겪은 일이 잘 드러나게 글을 쓸 수 있는지 생각하며 다음 문장을 써 보세요. (국어활동 1-2 80~81)

연날리기를 했다. 연은 날개도 없는데

연날리기를 했다. 연은 날개도 없는데

계속 날았다. 하늘에서 떨어지지 않고 나는

계속 날았다. 하늘에서 떨어지지 않고 나는

것이 신기했다. 참 재미있었다.

것이 신기했다. 참 재미있었다.

▶ 부족한 점

- 어디에서 있었던 일인지 쓰지 않았어
- 누구와 있었던 일인지 쓰지 않았어
- 왜 재미있었는지 쓰지 않았어

일기 '서점 나들이'를 읽고 겪은 일, 생각이나 느낌을 잘 드러나게 글을 쓸 수 있는지 생각하며 다음 문장을 써 보세요. (국어 1-2 나 250)

겪은 일

아빠와 함께 서점에 갔다. 여러 가지 책이

많아서 참 신기했다. 내가 읽고 싶었던 책을

찾아서 반가웠다. 앞으로 서점에 더 자주

가고 싶다.

생각이나 느낌

10

인물의 말과 행동을 상상해요.

인물의 말과 행동을 상상하며 이야기를 즐겨 봅시다.

1. 인물의 모습과 행동을 상상하며 이야기 들어 봅시다.
2. 이야기를 읽고 인물의 모습과 행동을 상상하여 봅시다.
3. 이야기 속 인물의 말과 행동을 따라 해 봅시다.
4. 인물에 어울리게 말과 행동을 해 봅시다.

"붉은 여우 아저씨"를 읽고 붉은 여우 아저씨의 모습과 행동을 상상해 보고 다음 낱말을 바르게 써 보세요. (국어활동 1-2 82~97)

여	우
여	우

독	수	리
독	수	리

모	자
모	자

햇	별
햇	별

버	드	나	무
버	드	나	무

신	발
신	발

웅	덩	이
웅	덩	이

벌	컥	벌	컥
벌	컥	벌	컥

미	소
미	소

곱	게
곱	게

"붉은 여우 아저씨"를 읽고 붉은 여우 아저씨의 모습과 행동을 상상해 보고 다음 낱말을 바르게 써 보세요. (국어활동 1-2 82~97)

저	녁	노	을
저	녁	노	을

바	다
바	다

숭	어
숭	어

가	방
가	방

고	요	한
고	요	한

밤	하	늘
밤	하	늘

우	렁	찬
우	렁	찬

영	원	한
영	원	한

친	구
친	구

"숲속 재봉사"를 읽고 동물들의 모습을 상상해 보고 다음 낱말을 바르게 써 보세요.

(국어 1-2 나 264~275)

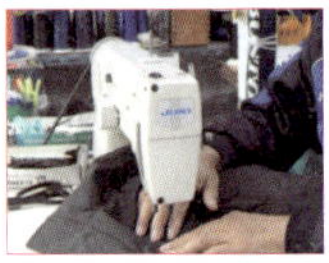

재	봉	사
재	봉	사

오	징	어
오	징	어

양	말
양	말

토	끼
토	끼

치	마
치	마

잔	치
잔	치

사	자
사	자

달달달달	달달달달	
사각사각	사각사각	
스륵스륵	스륵스륵	
조물조물	조물조물	

"안전하게 건너요"를 읽고 횡단보도를 안전하게 건너는 방법을 따라 해 보고, 다음 문장을 바르게 써 보세요. (국어활동 1-2 98~99)

횡단보도 앞에서 멈춥니다.

횡단보도 앞에서 멈춥니다.

신호등이 초록불로 바뀌면 왼쪽, 오른쪽을 살펴봅니다.

신호등이 초록불로 바뀌면 왼쪽, 오른쪽을 살펴봅니다.

횡단보도 오른쪽에서 운전자를 보며 왼손을 듭니다.

횡단보도 오른쪽에서 운전자를 보며 왼손을 듭니다.

차가 멈추는지 확인 합니다.

차가 멈추는지 확인 합니다.

운전자와 눈을 맞추며 길을 건넙니다.

운전자와 눈을 맞추며 길을 건넙니다.

다음 낱말을 순서에 맞게 연한 글씨 위에 바르게 덮어 써 보세요.

돌	잡	이
돌	잡	이
돌	잡	이
돌	잡	이
돌	잡	이
돌	잡	이

만	화	책
만	화	책
만	화	책
만	화	책
만	화	책
만	화	책

단	풍
단	풍
단	풍
단	풍
단	풍
단	풍

즐	거	움
즐	거	움
즐	거	움
즐	거	움
즐	거	움
즐	거	움

마	음	속
마	음	속
마	음	속
마	음	속
마	음	속
마	음	속

흥	부
흥	부
흥	부
흥	부
흥	부
흥	부

왼쪽에서 연한 글씨 위에 덮어 쓰기 연습한 낱말을 바르게 써 보세요.

돌	잡	이

만	화	책

단	풍

즐	거	움

마	음	속

흥	부

다음 낱말을 순서에 맞게 연한 글씨 위에 바르게 덮어 써 보세요.

멈	춰	라
멈	춰	라
멈	춰	라
멈	춰	라
멈	춰	라
멈	춰	라

골	고	루
골	고	루
골	고	루
골	고	루
골	고	루
골	고	루

행	동
행	동
행	동
행	동
행	동
행	동

줄	지	어
줄	지	어
줄	지	어
줄	지	어
줄	지	어
줄	지	어

영	양	소
영	양	소
영	양	소
영	양	소
영	양	소
영	양	소

괴	물
괴	물
괴	물
괴	물
괴	물
괴	물

왼쪽에서 연한 글씨 위에 덮어 쓰기 연습한 낱말을 바르게 써 보세요.

멈	춰	라

골	고	루

행	동

줄	지	어

영	양	소

괴	물

다음 낱말을 순서에 맞게 연한 글씨 위에 바르게 덮어 써 보세요.

쨍	그	랑
쨍	그	랑
쨍	그	랑
쨍	그	랑
쨍	그	랑
쨍	그	랑

솔	직	한
솔	직	한
솔	직	한
솔	직	한
솔	직	한
솔	직	한

훨	훨
훨	훨
훨	훨
훨	훨
훨	훨
훨	훨

지	우	개
지	우	개
지	우	개
지	우	개
지	우	개
지	우	개

고	마	워
고	마	워
고	마	워
고	마	워
고	마	워
고	마	워

풍	덩
풍	덩
풍	덩
풍	덩
풍	덩
풍	덩

왼쪽에서 연한 글씨 위에 덮어 쓰기 연습한 낱말을 바르게 써 보세요.

쨍	그	랑

솔	직	한

훨	훨

지	우	개

고	마	워

풍	덩

다음 낱말을 순서에 맞게 연한 글씨 위에 바르게 덮어 써 보세요.

비	둘	기
비	둘	기
비	둘	기
비	둘	기
비	둘	기
비	둘	기

나	뭇	잎
나	뭇	잎
나	뭇	잎
나	뭇	잎
나	뭇	잎
나	뭇	잎

개	미
개	미
개	미
개	미
개	미
개	미

사	냥	꾼
사	냥	꾼
사	냥	꾼
사	냥	꾼
사	냥	꾼
사	냥	꾼

솜	사	탕
솜	사	탕
솜	사	탕
솜	사	탕
솜	사	탕
솜	사	탕

강	물
강	물
강	물
강	물
강	물
강	물

왼쪽에서 연한 글씨 위에 덮어 쓰기 연습한 낱말을 바르게 써 보세요.

비	둘	기

나	뭇	잎

개	미

사	냥	꾼

솜	사	탕

강	물

연습이 부족하여 좀 더 연습하고자 한다면 현보문화에서 발행한 한글쓰기 시리즈를 구입하여 연습하시길 바랍니다

매 장마다 별도의 투명한 종이 위에 따라 쓰기
연습을 충분이 할 수 있도록 하여 예쁘고 바르게
쓰는 습관이 되도록 하였습니다.

한글쓰기-전5권

① 선긋기 , 지각능력 테스트 / 자음, 모음 익히기
② 낱말 익히기 / 받침 없는 낱말공부
③ 낱말 익히기 / 기본 받침 있는 낱말공부
④ 낱말 익히기 / 어려운 받침 있는 낱말공부
⑤ 문장 익히기

한글쓰기-전3권

(초급)
어려운 받침 있는 낱말과 문장 익히기
(중급)
소리, 모양, 색깔, 타는것, 반대말 몸의 신체등 낱말 익히기
(고급)
~를, ~을, 높임말 낱말과 문장 익히기